シーバスマスターズ2014日本大会優勝作品「エンドレスビューティー」。シーバスリーガルをベースに、カシスや桜のテイストを加えた華やかな味わい。
写真：大橋マサヒロ

シーバスマスターズ2014世界大会、ニューヨークにて。

ワールドモストイマジネイティブバーテンダー2015日本大会優勝作品「パーフェクトエデン」。次ページにある温室の中の森を表現したカクテル。温室の外から見えるデザインに着想し、材料を下のグラス内にデコレーション。
写真：大橋マサヒロ

ワールドモストイマジネイティブバーテンダー2015世界大会にて撮影された各国代表との集合写真。後方は、ロンドン近郊のラヴァーストーク・ミル蒸留所内にある、スパイスやハーブが展示された温室。

ワールドモストイマジネイティブバーテンダー2015世界大会、ジントニックツイスト部門優勝作品「エリクサー」。自家製のクローバーシップやローズヒップとローズマリーのビターズを使用したハーバルな味わい。
写真：大橋マサヒロ

パトロン ザ・パーフェクショニスト2018世界大会、メキシコのグアダラハラにて。

最終選考に残った6人での集合写真。大会で知り合ったバーテンダー達とは今でも連絡を取り合っている。

パトロン ザ・パーフェクショニスト2018日本大会優勝、世界大会出品作品「ザ ベストプロミス」。パトロンレポサドの熟成感に、パイナップルの甘味とシェリーの塩味が加わる奥深い味わい。

ゲストバーテンダーやセミナーを行うときに作られる広告の一例。

# 自分をデザインする

中村充宏

# はじめに

32歳の時、バーへの異動を提案された。

このような文章で始めたい。

僕は今、41歳。

バーテンダーとして日本一になる奮闘から、茶道やカクテルを披露しにサウジアラビアに行くまでのありのままを、自分の言葉で記しました。

ただ実際この本は、20代、30代で自分の現状に疑問を持っている人や自分の進路を決められない人に向けてのアドバイスが中心です。生きていく上で「先に」

知っておけば、より自分らしく過ごせる言葉を織り込みました。これから来る人生の節目をどう決断するのか、一歩踏み出す力になれば嬉しい。

この本のタイトルは、「自分をデザインする」。

僕はいつも、自分の人生は自分で作るものと考えている。幼少の環境、受けた教育、予期せぬ出来事、人との出会い、多くの影響を受けながら、人は進む道を選んで生きている。小さい決断でも、大きい決断でも、自分が選び決めているということは、それは将来の自分をデザインしている事になる。

白いキャンバスを前に、どこに一筆目を入れるのか、何色なのか、どの範囲なのか、決めているイメージだ。全体像から描く人もいるだろう、細かい線を重ねて広げていく人もいるだろう、どちらもあなたの人生という、一つの作品に向かっている事に間違いはない。

過去の細かい決断という点の連続が、将来は大きな線になる。あなたの人生で起きる出来事に無駄はなく、必ず未来に繋がっている。背伸びしてもいい、自然体でもいい、いずれにせよ「自分の意志」で自分の未来をデザインして欲しい。

人生の終盤ではなく、皆さんより一足先に40代を迎えた僕だから書ける、何を悩み、どう判断し、どのように自分をデザインしたのか、リアルなストーリーを楽しんで頂ければ幸いです。

では、最初の文章に戻ろう。

中村充宏

自分をデザインする　目次

## 第3章　覚悟

## 第4章　自分らしく

# 第1章

# 選　択

## 26歳、ウェディングプランナー

32歳の時、バーへの異動を提案された。
正直、バーにも行った事がなかったし、興味もなかった。もちろん知識もない。当時の僕はホテルで働くレストランスタッフ。僕の目標は、世界に通用するホテルマンだった。そう、今となっては過去形。

少し振り返ると、26歳の時、アルバイトとして八王子にある某ホテルに入社し、宴会部に配属されウェディングプランナーとして勤務。ホテルは穏やかで働く環境としては、十分。プランナーとしても慣れてきて、お客様に応えている実感も湧いてきていた。

そんな時、歴史好きも高じてホテル産業の年表を自分なりに作成。長い目で見るとブライダル業界は苦しくなりそうだ、近年は外資系ホテルが増えてきている、日本のホテルはどうなっていくのか、などホテル業の可能性を考えてみた。また他のホテルに知人がいなかったので、より調べるために関連する本を読み漁った記憶もある。

その頃は社員登用にもなり、30歳。得た知識と自分の環境を分析してみた。まず、人を相手にするサービス業は自分でも面白く、周りの反応からも向いてるのではと感じていた。レストラン業に移るのもいいと思ったが、ホテル業界で勉強した後でも可能だなと考えた。

そしてホテル業は今後、外資系がより多くなり、働くシステムも変わってくるのではという予想を立てた。それなら早く対応しておいた方がいいし、将来は他の国でも働けるかもしれない。目標は、世界で通用するホテルマン。

僕は自分がサービス業に向いてるとは思っていなかったが、当時の宴会部の上司が、「中村は、すぐにお客さんの懐に入るなぁ」とか、結婚式のお客様に「中村さんって、スーパー八方美人ですよね？」などの言葉が蓄積され、自分のやりたい事ではないけど、向いてるかもと信じ始めた。ちなみに、その頃はまだミュージシャンの夢を持っていた……。

外資系ホテルに移ろうと決めたが、ツテはなかった。なによりまず、英語が話せない。けれど、物事を進めるには気持ちの盛り上がりと、社内的なタイミングがある。年齢的にもギリギリ感があったから、準備もせず、社内の手筈を整えて、面接の申し込みを始めた。

すぐに3社落ちた。

うち一つは、英語の自己紹介で、「マイネーム　イズ　ミツヒロナカムラ。マイホビー　イズ　サッカー……」、沈黙。高校の先生には言えないヒドイ結果だった……。

そして最終的には、ファイブスターが付く外資系ホテルに採用された。最上階にあるレストランが新しい職場になり、社員採用ではなく、アルバイトからのスタート。しかもレストラン経験がないのでランナーという、キッチンとフロアを料理を持って往復する係から。

仕方がない、英語もサービスの知識や経験もない、3社落ちてるし、悩む時間はなかった。

## 自分を知っておく

何よりも最初に大切なこと、原点。失敗や成功、挑戦から学び、自分の特徴を自覚しておこう。

例えば、友人がさりげなく言ったあなたへの一言や先輩に褒められた事なども、聞き漏らさない。一度、しっかり時間を作り、自分を整理する事をお勧めする。得意分野や苦手な部分を理解すれば、自分を意識してコントロールできるはず。

また、新しく学びたい事や欲しい能力もメモしておこう。そして常に更新して欲しい。

## 31歳、外資系ホテルへ

入社はしたけど、少し場違いな感じがあった。中心となる言語は、英語。そして30代はアルバイトではなく、マネージャークラス。フロアでの動き方、料理やワインの種類など、学ぶ事はたくさんあった。
動きが遅いと思われるのも嫌だし、年下に注意されながらも一生懸命ついていった。イベントなどでは、疲れた足に湿布薬を塗って、仮眠室で寝たのも良い思い出。

そのうち、少しサービスさせてもらえるようになったが、やはり外国人のお客様には対応できない。まず困ったのは、白ワインが聞き取れない事。お客様の発音はワイトワイン、ワイトワイン、僕の中では「ホ」ワイトワインだった……。

現在の職場であるホテルを選んだ理由の一つは、従業員へのトレーニングが充実している点。英語はもちろん、異文化理解という講座まであり、実際にその国出身のスタッフが講師をする。

社内でも学びながら、一念発起して英会話に通い出した。馴染みの先生はモンティ先生。最初のレッスンは今でもよく覚えている。なぜなら、教えて欲しい内容をその場では伝えられないから、前もって紙に書いて読み上げた。「ご注文はお決まりですか？」からのスタートだった。

その頃、ほぼ同時に茶道も習い始める。英語のテキストに載っていた抹茶の挿絵を「グリーンティー」以外説明できなかった悔しさで。

基本的な接客英語を従えて、少しずつスムーズに動けるようになってきた頃、突然マネージャーから呼ばれた。そして、

バーへの異動を提案された。

バーなんて行った事もなかったし、わかる事が何もない。やっとレストランサービスが楽しくなってきたのに……。これが正直な心境だった。

僕が勤める最上階のレストランは、バーが併設され、別々の店舗というよりは壁もなく一つのフロアとして繋がっている。要は、同じフロアだが、バーを中心に働かないか、と提案されたのだ。

家に帰り、世界に通用するホテルマンというおぼろげな記憶を引きずり出す。そう考えると確かに世界中のホテルには必ずバーがある。しかも今後、自分でバーへの異動を希望するとも思わない。

よし、やってみよう。

# チャンスは向こうから来る

自分でチャンスを取りにいく、これはよく見る。しかし、チャンスが回ってくるケースも多い。常に客観視できる自分を用意して、そのチャンスを見極めて欲しい。ただ、中途半端に関わると、生かせない。振り返るとチャンスだったかもと悔やむ。未来は、「かも」の連続。できる「かも」、やれる「かも」。でき「た」時の達成感はやみつきになる。いつ来るかわからないその幸運を見逃さず、いつでも掴む準備をしておこう。

# 32歳、バーテンダー

バーではテーブル席を担当し、ずいぶんレストランとバーではお客様の過ごし方が違うものだというのが、第一印象。外国人のお客様の利用も多い。

それからメニューを勉強し始めて、気付いた。居酒屋でジントニックを飲んだ経験はあったが、ジンの中に種類がある事は知らなかった。ジンは「ジン」という一種類の銘柄かと思っていた……。今となっては常識知らずの田舎者だが、恥ずかしくても本当の話。

ちなみに僕は東京の多摩地区にある稲城市出身です、東京では田舎の括りかと。

しかし、嬉しい事にバーの業界は、お酒のメーカーさんが主催する勉強会が多く開かれ、ひたすら参加して学ばせて頂いた。特にウイスキーには魅せられ、ウイスキーの資格も取得した。そうすると、徐々に短時間でもカウンターに入りたい気持ちが増してくる。

ある日、洗い物などでカウンターに入らせてもらうと、ふと懐かしい感情が込み上げてきた。答えは、ステンレス。

実は僕は、高校生の時から近くの個人レストランでアルバイトを始め、ホテルで働き出した26歳まで続けた。案の定、最後はアルバイトの域を超えてピザやパスタ、お肉を調理し、10年近くステンレスに囲まれ過ごした。何かこう、戻ってきた感じがあった。

当時のバーのカウンターは、池ちゃんとケイタが中心。本当にバーテンダーが輝いて見えた。接客上手の池ちゃんは、和やかな雰囲気でお客様と話し、的確なカクテルを作り、かたやケイタは、見たこともない最先端の機材をテンポ良く扱い、作る手順もカクテルも魅力的だった。

ある日、外から彼らを見ていると、

「興味あるの？」

と、鎌田真理さんに言われた。

そう、彼女こそ、このバーのリーダー。ディアジオワールドクラスというカクテル大会の初代チャンピオン。バーの世界でトップクラスを走り続ける女性バーテンダー。

この日を境に人生が、一変した。

カクテルを作る技法の一つ、シェイクの仕方を初めて習った。この時、2011年、32歳。毎日、毎日、毎日、夢中で練習した。年甲斐もなく、新しいおもちゃをもらった様に。一点を見つめ、ひたすらバースプーンを扱う練習、正しい姿勢を保ち、調合する練習、お酒を注ぎ、ボトルの先を拭き、キャップを閉める練習など。

完全に憑りつかれてた。

# 実体験こそ価値がある

バーチャル世界が肥大化する今、最も大切なのは経験ではないかと思う。ネットやSNS、他人が話した内容で、自分がした気分になっていませんか?

新しい仕事に挑戦する、新しい何かを始める。十分に精査した後は、一歩踏み出して実際に体験して欲しい。その一歩に価値が生まれる。勇気はいるが、失敗もネタにする度胸でいこう。身をもってした経験こそが、人を惹きつける。

## 34歳、カクテルコンテストとの出会い

バーテンダーへの最初のステップとして、ホテルバーメンズ協会のビバレッジアドバイザーとＨＢＡバーテンダーの資格を取得し、全ての基礎となる知識と技術を身に付けた。

そして2年後の２０１３年、ディアジオワールドクラスというカクテルの大会でファイナリストの10人に選ばれた。この2年は尋常じゃないほど練習、勉強した。カクテルの基本技術、お酒の知識、オリジナルカクテルの作成手順など。会社の仮眠室に寝泊まりし、文字通りカクテルに明け暮れた。

大会に参加したのは、先輩方が挑戦していたという偶然の理由もあるが、目標

を決めると追求するという自分の性格を利用して成長したかったからだ。また遅く始めた僕としては、技術向上のわかりやすい目安が欲しかったという理由もある。

カクテルの大会は様々な種類があるが、基本的にはオリジナルカクテルを作成する。大会により課題が与えられ、それを元にバーテンダーはコンセプトやストーリーを創造、カクテルの味や香り、飾りやグラスに具現化し、名前を付ける。

一次審査はコンセプトや材料を示した書類を提出して、その中の5~10名が通過し、最後は実際に審査員の前で話しながらカクテルを作成する決勝戦となる。そして、日本で優勝すると世界大会に挑戦できる。

大会の最終結果は残念だったが、ステージでカクテルを作る事に快感があった。また、他のバーテンダーの作品に感嘆し、カクテルの持つ芸術面の虜になり、オリジナリティを競うことに楽しさを見出した。もしかしたら、「個人競技に近い」バーテンダーは自分に向いてるかもと思い始めたのはこの頃だ。

ここから更にバーテンダーの世界に魅せられていく。

このカクテルの大会中に、上司の鎌田さんに同行し、数々のカクテル大会で審査員を務めるバーハイファイブのオーナー上野秀嗣さんに挨拶に伺った。

心が震えるほど、衝撃的にカッコいい人だった。

カクテルの腕は超一流、世界中から招かれて講演を行い、何より世界に通用する自分のスタイルを持っている事に憧れた。

そこから、週に1回、2回と通い出した。カウンターに座り、間近で上野さんの一挙手一投足を見て、お客様に英語で説明する様子に聞き耳をたて、多くを学ばせて頂いた。従業員でもない部外者である僕の質問にも、丁寧に答えてくれる度量の大きさも忘れられない。

## 個人競技向きか、チーム競技向きか

僕はサッカーやバンド活動、気付けばずっとチーム競技派だった。仮に全ての力を自分だけに注いだら、どうなるのか？　その実証のためスノーボードに挑戦した。

冬の４か月間、36日ある休みのうち、32日間、雪の上にいた。そしてインストラクターの資格を取得。この時の個人競技への感触が、バーの世界に飛び込む後押しになった。

こういう挑戦は、自分の適性をつかめる。自分の経験を振り返って欲しいし、積極的に試してみる事をお勧めする。

# 35歳、環境が人を作る

この頃、美味しいカクテルとはどのような味なのか、を深く追求するようになっていた。キャリアの長い鎌田さんの力をお借りし、優勝カクテルを飲み歩いた。行けない場所のカクテルは、材料を取り寄せ自分で作成した。コンセプト、カクテル名、材料、分量などを一つひとつ分析していった。

僕はおおざっぱな性格だが、分析作業は嫌いではない。実はウェディングプランナーをしている時、約30社のブライダル見学会に参加して、金額や料理、教会などを分析し、表にして上司に提出した経験がある。やはり、どの業界にも魅力ある物や人には、力がある。

カクテルも同様だ。評価された作品には理由がある。連日研究し、海外の優勝カクテルも取り込み、思いつかない発想にビビった日々を記憶している。

年が明けた2014年、ふと、自分の置かれた環境を分析した。

世界的に評価されるホテルのバーにいて、会社が専門職を応援してくれる。また日本有数のバーエリア、銀座にも近い。上司の鎌田さんはバー業界の第一線にいて、同僚の池ちゃんやケイタも伸び盛り、バーでは常に世界の最先端カクテルが話題。この上ない環境だと自覚した。

ここで注釈を入れたい。世の中のバーテンダー全員がカクテル大会に挑戦しているわけではない。人それぞれの生き方がある。僕は偶然そういう環境だった。そして置かれた状況を分析した後、現時点での自分自身の持ち味も分析してみた。

バンド活動でステージにいたので、見られることに緊張がない。

自分で作曲をしていたので、オリジナル作品を作る事に抵抗がない。

体が大柄なので、カウンターで見映えする。

バーテンダー歴が短いので、あまり先入観がない。

プランナーの時に練習した話し方が、プレゼンテーションで活きる。

茶道の稽古で、所作や佇まいが磨かれ始めた。


点が線になってきたとは、こういう事だろうか。これを続けていけば、いつか形となる結果が得られるかもしれないと推測した。

ここから今まで以上に、丁寧な作品作りに取り組んだ。僕のカクテルは、コンセプト選びの着眼点とストーリーの表現方法を大切にしている。

この部分が評価され、比較的最初の書類審査は通過するが、カクテル特有の「美味しい味」をうまく作れていなかった。とにかくこの頃は自分に妥協することなく、美味しさを追求した。

どうしたら美味しくなるのか、その一点のみ。

そして上司の鎌田さんのテイスティングは常に緊張した。反応の多くは「うーん、何か物足りないな……」である。しかも彼女はお酒が飲めないので、1日1回、2ミリぐらいしか飲んでもらえない。特に具体的な答えもない。悔しいし、聞かない。作品を持ち帰り、自分で答えを探す。分量を調節したり、新たに足したり、ゼロから作り直したり、この時の僕に「まぁ、このぐらいでいいか」は存在しなかった。際限なく、美味しいという点を探し、なりふり構わず「打倒、鎌田」を掲げて連日取り組んだ。

もちろんこの試行錯誤の時期に鍛えられたことは言うまでもない。

# 自分の置かれた環境

環境が人を作る、僕は強くそう思う。だから自分の目標がある人は、置かれた環境が合っているのかを常に確認することをお勧めする。優れたグループには、そこにしかない言葉や行動、熱量が存在する。求められる普通のレベルが違う。環境は土台だ。土台が軟弱では、高く飛べない。

ただ、一流や優れた環境にいる事を強制するわけじゃない。人により体の力も違う。あなたに合う環境をしっかり選んで欲しい。

「トッキーマティーニ」。写真：石本卓史

第2章

# 点と線

# 35歳、日本一

言葉で表現できるほど簡単ではないが、バーに異動して3年目。シーバスリーガルというウイスキーのカクテル大会（シーバスマスターズ）で日本一になった。快感だった。

相手より良かったからではない、自分を信じ切った快感。カクテルの大会は0・1秒速いから優勝ではない。作品は何か月も前にできている。コンセプト作りから、味の追求、最後にステージでカクテル名を言うその瞬間まで。数か月、自分の行いに一つの後悔もないように、積み上げていく。

本番当日のステージは、昨日までの自分の集大成。様々な審査基準があり、相手もいるが、自分の過ごした日々を信じ切れるかどうかは大切だと思う。信じ切れるほど練習すれば、結果が伴わなくても次の道が見えてくる。

シーバスリーガルの世界大会はニューヨークのマンハッタン。会社が外資系という事もあり国外での活動にも寛容で、快く送り出してくれた。またシェフ達はフードペアリングの相談にも乗ってくれるし、会社全体での応援がとても嬉しかった。

連日いろいろな準備に追われるが、特に印象に残っているのは、英語に関して。第一回大会ということもあり、通訳をつけてもいいとの話が出た。

シーバスマスターズ2014日本大会。

それを英会話の先生、モンティに伝えたら、大激怒。

確かに4年の付き合いがあったけど、身内のような怒りっぷり。今までのレッスンはなんだったんだ？　お前は通訳のためにカクテルを作るのか？　本当にその通り、返す言葉がなかった。

モンティに励まされながら、英語のプレゼンテーションを準備し、あっという間にニューヨーク。初めて見る世界に圧倒され、不安とか自信とか感じる前に全行程終了。

必死過ぎてあまり記憶にないが、世界中のバーテンダー達と接することで異文化を感じる楽しさを覚え、同時に自分は日本人であるという強い自覚が芽生えた。

# 英語は本当に必要か

　正直、僕はあの話せない劣等感が今も忘れられない。ただ英語が問題なのは、勉強しても身につくのに時間がかかる点。やる気の保ち方には工夫がいる。

　僕は31歳から毎週地道に通い、劣等感を減らしたい一心で勉強し、今は異文化を楽しんでいる。

　しかし、英語を使わない範囲で生きていくのも選択肢だと思う。最終的には、あなたの考える将来次第。ただ、英語が当たり前の時代が近いのも事実、じっくり考える事をお勧めします。

## 36歳、母の憂い

裕福ではないが、ごく普通のサラリーマン家庭で幼少期を過ごした。高校卒業後、一浪して大学に通うが遊びすぎて卒業単位が足りず、4年生での就職活動ができなくて、単位ギリギリで卒業した。そして夢を広げてバンド活動を始めた。

今思えば、新卒で就職するという一般的な流れが嫌だった訳ではなく、音楽に夢中になっていたというのが正直な理由だ。親孝行のために就職するという社会的常識も、当時は目に入らなかった。自分がしたいことを追求し過ぎる弊害だろうか……。

契約の話で難航したバンド活動に見切りを付け、高校から働いていたレストランを26歳で辞め、某ホテルに就職した。

母は心から安堵していたが、その社員登用の会社を辞め、転職したらアルバイト、そして仕事はバーテンダー……。僕の親世代にはバーテンダーのイメージはあまり良くなく、報告した時の眉間のしわは忘れられない。

ただ、カクテル大会優勝の後は、少し変化を感じた。この頃から僕自身にも変化が生まれていた。散々適当な20代を過ごしてきた反動か、一日一日の大切さに気付いた僕は、やる事リストを作り始めた。

# やる事リストを作る

特別な事はなく、前日の夜に翌日やる事をメモ帳に書くだけ。これがあると朝起きて何しようかなと迷わない。

例えば、マティーニの本を読む、茶道に行く、電話する事でも僕はリストに入れる。終わった後に鉛筆でピッピッって消すのが僕のやり方。そしてその日の夜に見て、やった事を見直す。黒くなれば、一歩でも半歩でも進んだ事になる。毎日を意識して、積み上げげる。平凡な日をどう過ごすかが重要。

## 36歳、2度目の日本一

翌年の2015年は、ボンベイサファイアというジンのカクテル大会（ワールドモストイマジネイティブバーテンダー）に挑戦した。この頃はどうしたらより柔軟な発想が生まれるかに取り組んでいた。

まずカクテルという液体で表現できる、できないを考えず、こんなのあったら面白いというアイデアだけを考えた。この時の課題はボンベイサファイアに関することであれば自由。

まず、ひたすらブランドについて調べる。製品の歴史、味わい、エピソード、英語の記事も必ず読む。この時は、ジンの材料となるボタニカルを展示した温室が、新しい蒸留所に併設されたという記事を見た。

この「温室」がカクテルで表現できたら面白い。

なぜこの着眼点なのかというと、消去法。僕はいきなり優れたアイデアが出てくるタイプではないから、思い付いたコンセプトを箇条書きにして、聞いた事のあるような案は消していく。そして温室の中は、植物の楽園、森に見えた。

そうだ、森をカクテルで表現しよう。

しかし森だから緑色では、芸がない。過去の自分の作品にヒントを得て、思いついた。森の構成要素をカクテルの材料に当てはめてみたらどうだろうか。

森の構成要素とは、木、葉、花などの事。そこからは、飲む人を驚かせたい一心で、毎日を積み上げた。

最終的に材料は、ボンベイサファイア、スミレの花のリキュール、柚子と生姜を漬け込んだアロエリキュール、檜のビターズ、酸味を整えるレモンジュース。

一つずつ、見てみよう。

・木の根は、生姜

・木は、檜
・葉は、アロエ
・果実は、柚子
・花は、スミレ

そう、材料が全て森の構成要素を表現している。完璧だと自負したが、一つ足りない要素があった、それは土。味は決まってしまった。土と言えばなんだろうか。僕はマンデリンコーヒーの土っぽさを思い出した。

しかし作品にどう組み込むか。例えば先にコーヒーを飲んで、カクテルを飲む、もしくは逆。また飾りとして豆を浮かべると、香りが変わってしまう。けれど、コーヒーの香りを使うのは良いアイデア。別々に分けてみるのはどうだろうか、二重底のグラスの下にコーヒー豆を入れる。そして、温室は外からガラス越しにも見えるわけだから、材料を飾ろう。

よしっ、完成！

マンデリンコーヒーの土っぽさが、カクテルの香水のような香りを活かしてくれるおまけも付いた。

もちろん、「打倒、鎌田」は健在だ。説明は一切せず、味見だけしてもらった。「いいじゃない」、コンセプトを説明、「パーフェクトだよ」、会話終了。

このカクテルの名前は、パーフェクトエデン（完全なる楽園）。

結果もついてきた。日本大会で優勝。次は日本代表として、スペインとイギリスで行われる世界大会に参加することになった。

前回の悔しい経験を糧に、日頃から英語やプレゼン技術など、練習を重ねてじっくり力を溜めてきた。その甲斐もあり、今回は怒られずにモンティとの英語も順調。ホテルの外国人スタッフも協力してくれて、何度も彼らを前に本番さながらの演技を行い、より良い英語表現やジェスチャーを磨いていった。そして、同時に外国人審査員の味覚に合わせた味の調整もした。

ワールドモストイマジネイティブバーテンダー世界大会にて。専属のスタイリストが、それぞれのバーテンダーに合う衣装をセレクトし、セットの中で撮影。

このように準備して臨んだ世界大会では、残念ながらパーフェクトエデンで最良の賞は受賞できなかった。

しかし、山場はスペインのバレンシア。課題は、ジントニックのツイスト。ジントニックの歴史を紐解いて、オリジナリティを加えて作品にするという意味だ。

僕は、元々インドではマラリア対策で、薬として飲まれていたというジントニックの歴史に着目。バーカウンターを病院に仕立て、僕は白衣を着て医者に扮し、審査員を患者に見立て、問診を行いながらカクテルを作るパフォーマンスを行った。カクテル名はエリクサー、万能薬という意味。小さいボトルに詰め、ちゃんと処方箋の袋で包み、手渡した。

嬉しくもこのチャレンジでは、優勝した。

# 力を溜める時期がある

いつも上手くいったり、いつもスポットライトが当たるということはない。多くは平凡な毎日だ。ここで、力を溜める時期がある事を理解して欲しい。いつか来るその日のために、今日は何ができるのかを考え、その準備のために練習、勉強を繰り返す時期。

何もせずにチャンスが回ってくる事はない。バネは縮むという動きがないと、大きく飛ばない。未来ばかり語らず、今は黙って勉強しよう。時は来る。

# 37歳、茶道を研鑽

何か趣味はありますか?

大会後の喪失感はけっこう凄かった。様々なイベントに呼んで頂けたり、メディアに出る機会もあり、充実した日々を送っていたが、何か心にポッカリと穴が……。

やる事リストにも、意欲がなくなり、サボり気味。

この時、救ってくれたとは言い過ぎだが、趣味の茶道が自分を見つめる良い機会をくれた。

僕は趣味が多い方だが、やめたものもある。例えばサーフィン。何度かチャレンジしたが、海の中で波を待つことができなかった……。ジッとしていられなくて。趣味はサーフィンって言う準備はできていたのに……。

あとはソムリエ。記憶力が乏しくて……試験までたどり着かなかった。

上手くいかなかったけど、自分を知る良いきっかけになった。

フィンランドのマリメッコがデザインした茶室にて。

ただ、茶道は苦手だけど、続いている。

僕は、東京都新宿区市谷にある麗扇会日本文化学院、渋沢麗扇先生に師事し、茶道の稽古をしている（現在、講師許状取得）。前述したが、きっかけは英語の授業で、茶道を説明できなかったから。

当時は茶道でなくてもよく、華道、書道なども候補にあった。決めた理由は、幼少からサッカーなど大きな動作の趣味

ウラジオストク在住のセルゲイさんと茶道の稽古。

が多く、動きの小さな茶道を始めたら自分にどんな反応が出るか知りたかったから。

案の定、微妙なスタートだった。指はまっすぐ、布は揃える、畳から五目の位置に置く……。思った以上に細かい動きの繰り返し。嫌いではないけど、好き、でもない、正直。けれど、できないままも嫌だから、練習し続けた。

努力という言葉を使うほどではないが、作業のように毎週通った。うまくできない自分を楽しみながら、面白さを探した。もちろん将来どこかで役に立つかもしれない、というのもやる気を保つ要因の一つ。

なぜこういう動きなのか、理由を聞くと次はスムーズにできた。少しずつ前に進み、体得する楽しさが始まった。

# 趣味を持つ

僕自身も様々な事に挑戦してきたが、趣味がある人は、表情が豊かな気がする。出てくる言葉も違う。趣味の時間は無心になり、夢中になり、自分と向き合う。

年を取るほど、カッコよく見える趣味ならかなり良い。年齢と共にあなたの価値は上がる。早く始めて人との違いを作る事をお勧めしたい。話題も豊富になり、人としての深みも増す。上手くできなくても大丈夫、上手くできない自分も楽しんで。

「WR（ダブルアール）」。写真：大橋マサヒロ

# 第3章

# 覚　悟

# 38歳、アメリカ、ニューオリンズ

喪失感を時間が埋めてくれていた頃、続けてきた茶道をきっかけに、呼んで頂いたイベントがある。

バー業界は年に一度、世界一大きい産業展「テイルズ オブ ザ カクテル」がアメリカ、ニューオリンズで開かれる。そこでは期間中に様々なセミナーがあり、今回はその内の一つに日本人初のプレゼンターとして招待された。

テーマは「サービスする喜び」。バーテンダーが集まり、各国のサービスの仕方や違いを討論する内容で、茶道を基にした日本のサービスについて話して欲しいという依頼。

声を掛けてくれたのは、グレイグースウォッカのグローバルブランドアンバサダー、ジョー・マッカンタさん。彼は禅の思想が好きで、来日した際、一緒に茶道の稽古に参加した。

用意する討論内容は、「宗教から見るサービスの原点」「バーテンダーの役割」「茶道と日本式サービス」「お客様は常に正しいのか」「サービスと心理学」「サービスの未来はＡＩに代わるのか」。

これは日本語の討論でも難しい……。ご縁には感謝したいが、少し荷が重たい……全うできるか不安に襲われた……。

しかし、泣き言よりも、任せてもらえた期待に応えたい気持ちがすぐに勝ってきた。難しいのはわかってる、これを乗り越えれば何かを掴めるはず。よし、これは勝負する時。

まず、自分がしてきたサービスを振り返った。なぜあの時こう考えたのか、なぜこう動いたのか、実際に現場を思い出しながら書き出し、自分自身と会話して一つひとつ浮かんだ疑問を解きほぐして自分の言葉にした。また東洋と西洋の基

セミナー開始前の様子。

本的な思想背景を勉強したり、茶道と接客の共通点や人間が行うサービスの未来を自分なりに深く考察した。

ここで気にしたのは、誰かの意見を参考にしたり、真似したりせず、自分の考えを追求する事。なぜなら、日系ホテルと外資系ホテルに勤め、バーテンダーのキャリアがあり、英語が話せて、茶道もできるとなると、同じような人はあまりいないはずと分析したから。

自分にしか語れない事があるはず。これは自信があったというよりも、自信を持ってやり切る覚悟。

ニューオリンズで行われたセミナーでは、国によるチップの存在や扱い方、ホスピタリティの表現の仕方、ＳＮＳの良い面悪い面、効果的な使い方など、様々な話題が上った。

印象的だったのは、ロンドンにあるバースウィフトのミーアさんの発言。

「バーテンダーはフロアスタッフがお客様に接している事は忘れないで欲しい。その店のホスピタリティは、誰がカクテルを作っているかは関係ない」

その通りだと思った。カクテルや料理単体から、ホスピタリティを感じる事はあまりない。そこには必ず人がいる。


「宗教から見るサービスの原点」の場面で僕が話した内容は、周りに良い事をすれば、いずれ自分に返ってくる因果応報という言葉が仏教にあり、特にアジア圏の人は無意識に刷り込まれて生活している点。

欧米人から奇妙に見える、チップもないのに全力でお客様をもてなそうとする姿勢は、この無意識な刷り込みに起因するのではという自分なりの見解を話した。

また他の場面では、日本人は無言のコミュニケーションが、おもてなしの真骨頂と考えている点を説明した。お客様に呼ばれる前に、お客様の次の行動を察知し、自分を滅し、慎ましやかに実践する事。

国にもよるが、他の国ではだいたい先回りというより、要望を受けてから行動する。それでは、「察する」という日本人独特の美学からすると、気付けず申し訳ないという心境になる。これは単一民族で長く生活してきたからこそで、今は変わってきている点も付け加えた。

興味深かったようで、南米のバーテンダーから細かく質問された。そして、様々な国の人が参加していたので、とにかくわかりやすく自分の体験談を用いて、「師匠はお客様」、そして「一期一会」の感覚を熱弁。

響いたのか、招待してくれたジョーが、直後に少し涙ぐんでいるのが見えた。期待に応えられたかなと、思った瞬間だった。

もちろん充実した日々だったが、思い出してもしんどかった。当たり前のサービスとして脳に染み込んだ感覚を顕在化させ、なおかつ英語にする試行錯誤は、尋常じゃないエネルギーを使った。

しかし、将来に生きるはず。これは僕にとって勝負時だった。そして、次のス

セミナー後の集合写真。中央が、ジョー・マッカンタさん。中央右の女性が、ミーアさん。

テップに力を溜める時期だったと、今でも思う。

付き合ってくれたモンティと、厳しくも親身なアドバイスをくれた渋沢先生への感謝は尽きない。

## 勝負時がある

誰の人生にも、勝負時が来る。何を差し置いても、無我夢中で乗り越えなければいけない瞬間。

20代、30代にも、あなたの未来を左右する出来事がある。ただ、それを勝負時だと気付かない人が多い。

常に客観的に自分の人生を見て、そのタイミングに気付いて欲しい。その勝負の結果で、次のストーリー展開が決まる。あなたは、あなたの人生の監督兼主役。どういう脚本で、どう演出しますか？　どこが人生のクライマックスですか？

# 39歳、3度目の日本一

2018年、39歳の時、僕はパトロンというテキーラのカクテル大会（パトロン ザ・パーフェクショニスト）に挑戦した。今、41だから2年前。ここまで読んで頂けた方なら、もうカクテルの大会は十分なのでは？と思うでしょうか……。

チャンスがあるなら世界一になりたかったし、創作意欲もあった。あとは、正直言うと、後輩たちの出現だ。彼らと毎日働いていると、刺激がある。わちゃわちゃ、わちゃわちゃ、うるさーいと思う事もあるが、彼らの作品を聞いたり、テイスティングすると、やはり輝くものがあり、羨ましかった。

自分自身に、やるからには優勝を目指し、人の記憶に残る作品にしようと言い聞かせて、最後の挑戦を決意した。

それでは、カクテルを創作していこう。

まず、いくつか挙がったコンセプトの候補の中から、パトロンというテキーラのボトルには、手書きの署名がある事に着目した。手書きの署名をカクテルで表現できたら面白いと考えた。

このタイミングで、実現できる、できないは精査しない。まずはアイデアを多く出す。署名だからペン、黒いカクテル、何かインクっぽい材料を入れる、日本らしく書道を使う。

この頃の大会は、プレゼンテーションでお客様（審査員）と何かコミュニケーションを図り、おもてなし度を高めるというのがキーポイントだった。

そうしたら、コンセプトが署名だから、何か書いてもらうのがストレートな発想。だけどグラスに名前は書けない。何になら書けるのか？　紙になら書ける。どこかで紙のグラスを見かけた……和紙のグラス。

決まった。

署名をカクテルに具現化できるかもしれない……。カクテルの表現は液体だけではない。味はもちろん、雰囲気、見た目、作る過程もカクテルだ。そうすると、何を書いてもらおうか？　コンセプトが署名だから、書くなら名前がベスト。

調べていくと、パトロンというブランドは、テキーラ職人、バーテンダー、お客様の三者が揃うことをグローバルコミュニティと呼んでいる。それなら、その間に立つバーテンダーとして、職人の想いを最高のカクテルでお客様に届けるプレゼンテーションにしたい。そして、時間制限はあるが、作成中にお客様本人から署名を頂ければ最高の展開。

それと、材料でも何かを表現したい。調べていくと、日本にも「花押」という伝統的な署名文化があったという記事を見つけた。戦国時代、自分の生き方を文字にして署名に使っていたそう。

それなら、自分の生きてきた人生と材料を重ねたストーリーにするのはどうか。まずは、結婚式に関わる前職から、ハネムーンに着想しミード（蜂蜜酒）。その後バーテンダー経験の中で味わった悔し涙を塩味のあるシェリー酒で表現。そして常に最高のテキーラを追求するパトロンと、最高のカクテルを追求する自分を重ね合わせて話し、テキーラを注ぐ。

今後、バーテンダーとして「カクテルを通した文化交流」をしたいので、メキシコからは伝統飲料テパチェから着想したシロップ、日本からは1610年にメキシコに初めて渡った日本人が持ち込んだ緑茶を選択。

カクテル名は、「ザ ベストプロミス」（最高の約束）。

お客様を前にしたプレゼンテーションのクライマックスは、このような流れ。

「今回の着想はボトルにある署名。この署名は最高のテキーラを届けるという職人の『約束』。ここで、この和紙のグラスに三者のサインを頂きたいと思います。テキーラ職人がいなければ、カクテルができません。バーテンダーがいなければ、お客様に楽しさが伝わりません。お客様がいなければ、商品の意味がありません。何一つ欠けても成り立たない。私は今日、バーテンダーとして職人の想いを最高のカクテルでお客様に届けることを『約束』します！」

メキシコ大使館で行われたパトロン ザ・パーフェクショニスト2018日本大会。

結果は出た。

喜びもつかの間、

「日本大会優勝は予選でしょ？」

上司からの第一声だ。

「あ……は、はい……」

もちろん、声の主は鎌田さん。

# キャラクターを持つ

「キャラ」という言葉で完全に世に浸透した。思っているよりこれは怖い。キャラ設定されてしまえば、本人も無意識に演じてしまい逃げられない。もう自己プロデュースの時代だと割り切って、キャラを押し付けられる前に、なりたいキャラを押し出し、ブランディングする事をお勧めする。自分広告ツールであるSNSも活用できる。特にバーテンダーやシェフは人気商売、キャラ作りも仕事。

さぁ、推したい自分の魅力はなんですか?

# 39歳、作りたいカクテル

パトロンのカクテル作成から結果まで、さらっと通過したが、実際はそんなにスムーズではない。数か月かかっている。

ただ、僕はこの本を通して苦労の度合いや過度な前向きさを伝えるのは割愛する。人により目標の置く位置やエネルギー量は違う。

たとえバーテンダーの仕事でなくとも、やり方の工夫次第で、効率的に自分が欲しい結果を得る方法があるはず。僕が言いたいのは、あなたに合うやり方を自分なりに探して欲しいという点。

この本が、探す過程の手助けになれば嬉しい。そして最後は自分で決めて、一歩踏み出して欲しい。

話をカクテルに戻すが、僕がカクテルを作る上で気を付けている事がある。自分の作りたいカクテルというのは特にない。あくまでも、お客様が飲みたい物を作りたい。僕の希望は二の次。

カクテル大会の作品も、その延長線上。大会の趣旨も含まれるが、お酒のブランドがお客様に代わるだけ。お客様が喜ぶカクテル、お酒のブランドが喜ぶカクテル。どちらも考える過程は一緒。深く調べて、喜ぶコンセプトを探し、好みの味に調整する。違うのは大会には準備期間が長くあること。

楽しんでもらいたいから、お客様の好みに寄り添ったカクテルを作る、その一心のみ。

# 努力の仕方

努力は報われないという事を知っているほうが、賢く生きていける。

継続は力なりを否定する気はないが、ただやみくもに繰り返すより、先に情報を収集し、いかに効率良く成果を得られるかが重要。

また苦労の先がしっかりと見える時に、適切なやり方と最善のタイミングで力を尽くす事をお勧めする。その努力があなたの人生に必要かを見極め、「努力の仕方」に目を向けて欲しい。

## 40歳、メキシコ、グアダラハラ

2018年の年末年始、世界大会の練習をしながら、改めて確信したことがあった。僕はバーテンダーという仕事が好き。キッチンで働いている時は、生まれなかった感情。

お客様をお迎えし、注文を伺い、「微調整した」カクテルを提供し、好みに合っているか尋ねる。このゼロから始まるフルサービスが好き。お客様のすべてに関わることができ、個人に合わせたパーソナルサービスができる。

サービスの業界は、商品となる料理を作るシェフやパティシエ、サービススタッフ、ソムリエなど多くの人で構成されているが、バーテンダーはカウンターに立ち、接客からドリンクの作成、お見送りまで行うことができる唯一の立場。このフルサービスは、無形の芸術。サービスという作品は、毎回が唯一無二。お客様次第で形を変え、同じ作品は二つとない。

バーテンダーは「サービス界のアーティスト」。

僕は管理職ではなく、バーテンダーでいたい。カクテルやサービスだけでなく、自分から醸される雰囲気も、僕の個性。

お客様に合わせた顔の見えるサービスを、僕は世界を相手に追求したい。

2019年のスタートは、パトロンの世界大会。場所はメキシコ、グアダラハラ。この日までプレゼンテーションとして与えられた8分間にすべてを費やしてきた。バカルディジャパンの大きなサポートを頂きながら、過去とは一味違う演技を目指した。英語に慣れてきた僕は、盛り上がりを意識した話し方の強弱、場面ごとに呼応したジェスチャーを取り入れ、完成度を高めた。また茶道の技術を、繊細な動作の中に落とし込み、審査員に合った味の微細を整えて迎えた。練習し

テキーラの原料となるアガベの苗を植樹。

た甲斐もあり、トップ6に通過。

決勝戦は2番目。とにかく8分間、カクテル作りを楽しんだ。練習の先には楽しさがあった。審査員が署名をする瞬間、メジャーカップの戻す位置を間違えた瞬間、一番仲の良かったブラジル代表が手拍子を始めた瞬間も、今でも覚えている。間違いもあったが、全体から見れば小さな事だ。考えていたのは、積み上げてきた作品への気持ちを、正面から伝える事だけ。

ただ、歩みはそこまでだった。

# したい仕事と向いてる仕事は違う

着たい服と似合う服が違うように、したい仕事が必ず自分に合っているわけではない。リーダー役と思っても、サポート的役割が向いているかもしれない。したい事がある人は、周りとの調和を常に確認しながら進めて欲しい。したい事がない人は、向いてる事を仕事にするのも一つの選択だ。適性探しのために、身近な人に自分の事を尋ねるのもいい。全ての職業は試せない。たとえ偶然始めた仕事でも、自分に向いていると信じる気持ちも必要。

「ハリーズコーナーギャラリー」。写真：大橋マサヒロ

# 第4章

# 自分らしく

## 40歳、フランス、パリ

前述した通り、僕はバーテンダーという職業が、したい仕事というわけでもなかったが、カクテルは、人生に潤いをくれた。

カクテルを通して、国を超えて様々な人と出会い、普段では行けない場所を訪れるチャンスにも恵まれた。そして、現在勤めるホテルからも、自分の成長に繋がる多くの機会を頂いた。

特に社内で行っているカクテルテイスティングは、今でも気が引き締まる。通常メニューはもちろん、シーズンごとに出すカクテルも料飲部長の試飲を経て、総支配人までチェックが入る。外国人という事もあり、日本の材料や演出を好むが、最も勉強になった事は、徹底したお客様目線でのテイスティング。このホテルには、お客様目線という当たり前に凄みがある。

例えば、ある女性総支配人は、味は当然だが、お客様がどう飲むのかまで確認する。ストローが必要か、飾りが邪魔で飲みにくくないか、カクテル名や見た目はイメージに合ったものか。女性ならではの意見を交えて、独創性を追求した。

また別の総支配人は初めてのテイスティングで、「私はこの味は好きだけど、一般のお客様は少し酸っぱく感じるかもしれない」という一見普通の感想を述べたが、僕はかなり驚いた。実は、彼の好みに合わせ少しだけさっぱり目の味に仕上げたのだ。彼もまたお客様本位は変わらない。

そして常に言われていることは、このホテルでしか味わえない付加価値、オリジナリティを必ず加える事。

この経験を繰り返すことで、僕にもお客様目線が自然と身に付いていったし、自分にしかできない事、自分のオリジナリティを意識するようになった。

勤務するホテルは小規模のホテルグループという事もあり、グループ内のつながりが強く、また他の文化を吸収することに積極的。

２０１８年の桜の季節に、フランスのパリにある系列ホテルで日本をテーマにしたプロモーションを展開。そのひとつとして、ホテル内に僕のバーがオープンした。６席の小さなバーだが、生の桜の木が飾られ、日本らしい味のカクテルを約１か月提供した。この時は多くの新しい価値基準に出会い、心から文化の交流を楽しんだ。

翌年には、タイのバンコクにある系列ホテルに、新しいカクテルメニューの作成と現地バーテンダーの育成、自分のイベントのために訪問。現地の文化や食材の味に触れてカクテルを作るのは、五感がしびれるほど、楽しい試行錯誤だった。

それと共に、違う文化圏のスタッフにカクテルの作り方を伝える事も、とても興味深かった。例えば、道具が揃っていても使い方が違っていたり、また学ぶ姿勢も違う。作り方以前に、単純に質の高いカクテルを飲んだ事のないスタッフもいる。道具の使い方が違っていると思ったが、言うのは思いとどまった。僕と違うだけで、間違っている訳ではない。それを言う必要があるのか？　みんなバラバラな作り方だが、気持ち良さそうに作っている。自分を整え直し、最低限を伝えて、個性を生かす方向に変えた。

これは茶道から学んだ事。体の大きさが変われば見た目も変わり、茶碗の持つ高さも変わる。個人に合わせて指導するという渋沢先生の方針。そしてこれを機に、個別に声を掛けるようになると、みんなの表情が変わってきた。

この頃、ジャパニーズバーテンディングという言葉を使わなくなった。なんだかそれが正しい事のように勘違いされるのが嫌だった。あくまで一種のスタイルであり、正しいとは違う。一瞬でも強制しようとした自分を省みた。彼らの自然に湧いてくるオリジナリティや自由さを潰したくなかった。

もしかしたら、彼らの自由さからその国のスタイルが生まれてくるかもしれな

フランス、パリでのゲストバーテンダー。

いし、最終的には自分で味のコントロールができればいいと思う。
それ以来、これはあくまでも僕のスタイルだよ、と付け加える事にした。

# 会社名と肩書きの存在

会社の名前で評価される時代は、過ぎようとしている。個人の能力が第一になる。会社名、肩書きを外し、あなたは何ができますか？と自分に問いて欲しい。これに気付けば働き方も、生き方も変わる。履歴書の実績に何が書けますか？　入社時と同じではないですか？　個人の能力に給料が支払われ、みんな横並びも終わると思う。国も人種も関係なく、価値ある個性が評価される時代が近い。対応する準備をしておこう。

## 40歳、ロシア、ウラジオストク

２０１９年は、多くの国に行く機会があった。茶道のセミナーとゲストバーテンダーが大半だが、メキシコに始まり、バンコク、シンガポール、フィリピン、韓国、ロンドン、バルセロナ、そしてロシアは２回訪問した。

ロシアは、どちらもウラジオストク。近年は、ビザもネットで取得でき、移動時間は3時間ほど、日本からの就航も増えたので注目されている都市。

冬はマイナス20度、絶対やめたほうがいいという事で一度目は、春。ロシアのバカルディ社より招待されて、セミナーをしに行った。ウラジオストクはカクテルが盛んで、バーテンダー達はとても勉強熱心。何かを取り込もうと、目の輝きが違う。

セミナー内容は茶道とカクテル、僕なりのサービスに対する考え方も話す。お茶を一椀点てるのと、カクテル一杯作るのはとても似ているし、臨む精神性も共通する部分が多い。

そして、どうしてもしっかりと伝えたかったので、現地のバーテンダーの協力も得て、ロシア語でセミナー資料を作った。自己満足ではなく、どうしたら深く理解してくれるのか、相手に寄り添う気持ちが大切。

次に重要なのは通訳。１時間のセミナーのためにも関わらず、３時間打ち合わせした。通訳はバーテンダーなのに、ニュアンスも細かく伝えたいと質問責めにされた。彼の理解を確認すると、僕はわざと必要最小限しか話さないが、その場の内容をそのまま訳さず、あなたの理解を伝えて欲しいと話した。僕より長くて構わない。少し細かいが、どんな文化にも必ず背景がある。セミナーは、たとえ話を多く交えるが、そのたとえは相手の文化に沿ったものでなければ、深くは伝わらない。

ロシア、ウラジオストクでのセミナー。

僕には伝えたい事がある、だからそのために最善を尽くす。

入念な準備に付き合ってくれた通訳のおかげもあり、セミナー後の質問の深さに伝わった手応えを感じた。もちろん、茶道の一連の流れをカウンターで行い、抹茶を使ったカクテルも作成した。その夜は、現地のバーを借りて、ゲストバーテンダーとして数種類のカクテルを振舞った。

実はこの旅行では、何かウラジオストクの文化に触れる事がしたいとリクエストして、紐で馬を編む伝統的なお守りを製作する機会を頂いた。

今回だけでなく、時間があれば、観光地を見て回るより、手で文化に触れる事を意識している。今のところ、料理教室に参加するのは恒例。

バンコクでは、パッタイやトムヤムクンを他の旅行者と一緒に作ったし、バルセロナではパエリヤにも挑戦した。現地の食材や、一般的な味の構成、独特の器具、そして伝統文化の背景を五感で学べる。

バンコクで参加した料理教室。

日本でも同様で、先日栃木県足利市では、銘仙という布が有名で、コサージュ作りを体験した。その場で劇的な変化があるわけではないが、自分の中で消化されると、受け取る許容力や動じない心が養われた気がする。

# 日本文化と異文化への関わり

教科書とは違う視点で学べるので、僕は日本文化に少しでも触れる事をお勧めしたい。なぜなら比べる基準と感じる機微がなければ、世界を広げても魅力を受け取れない。不思議だが、自国の文化を学ぶほど、異文化に触れたくなる。そして様々な人に会い、その土地の文化を経験すると、世界には正解がないという事に気付く。どちらも実際に体験する事で見える景色。「世界は広い」の本当の意味を知ると、考え方の尺度が変わる。

# 40歳、ロシア、ウラジオストク（2回目）

２度目のロシアは、10月。この時はウラジオストクのとあるホテルから、日本をテーマにしたイベントを行いたいので、カクテルを作りに来てくれないかという依頼。そのホテルのバーテンダーが、春に行ったセミナーに参加していたらしい。

今までと違うのは、今回はディナーイベントという点。料理も作ってもらえないかとの依頼もあったが、さすがに無理なのでシェフも招待する流れになった。

勤務先のホテルとシェフに相談したら、協力してくれるとの事。そして、茶道も披露して欲しいという追加依頼もあり、もちろん快諾した。

しばらくすると、結構な人数を集めるつもりという事がわかってきた。突然、広告の見本が来て、これを街中に張り出すと言っている……。

カクテルは日本らしい味わいとのリクエストで、経験的にもできる範囲。ただ、茶道は動きが小さすぎて、パーティーの余興としてはあまり向いてないと感じ始めていた。お客様は満足するだろうか……。そこで思い切って挑戦してみることにした、日本舞踊を。


突然、参加人数が200人という連絡が来た。

本当に200人いました……。もちろんシェフ達の料理の魅力もあるし、僕だけの力ではないけど、ただのサラリーマンバーテンダーです、僕は。ステージがあるとは聞いていたけど、高さ1メートル、幅10メートルの本気のステージ、大きすぎ……。しかし、覚悟を決めた、やるしかないと。

茶道の時は、手元の細かい動きをアップにしてスクリーンに映すことになり、ホッとした。カクテルは食前と料理ペアリングで全5種類、仕込みは合計約90リットル。前もって味を調え、現地のバーテンダーに助けてもらってやるしかな

い。もちろん通訳との打ち合わせは絶対に必要。

シェフや現地スタッフの支えもあり、なんとかイベント終了。

日本舞踊は、3か月練習に練習を重ねたのと、渋沢先生の指導の良さでなんとか形にはなった。ただ、初舞台が、異国のステージだったのは想定外。

そして料理とカクテルが終わったら、突如、ヘヴィメタルの演奏が始まり、みんな立ち上がって踊りだした。まさかの展開。妙にステージ前にスペースがあるなと思ってはいた。だけど、ヘヴィメタルでダンスする発想はなかった……。

ちなみにこの頃は、僕は完全に着物キャラ。外国でのインタビューも日本での記事もほとんど着物だった。また勤務先のホテルは、ロゴが入った専用の着物まで誂えてくれた。オリジナリティを体現するような落ち着いたひわ色の着物で、ロゴは深緑。ホテル内でのイベントや他国で行う活動で着用している。

このキャラクターが僕の魅力の一つであることは、間違いない。そして、武器になればと、思っていた僕もいた。だから必ず時間を作り、茶道の稽古に行く。

正直言えば、２０１７年、ニューオリンズのために茶道を基にしたサービスを英訳していた頃に、いつかこの内容でセミナーに呼んで頂ければ嬉しいなと、少し算段を立てていた。ここまでスムーズなのは予想外だが、「将来を見越して」積み上げてきた甲斐があった。

しかし、まだ予想外は終わらなかった。

# 次に必要な能力を準備する

僕は節目が来ると、一人会議をする。自分は次に何がしたいのか？　次に求められる能力は何か？　何があればこの後の人生が上手くいくのか？　先回りして考える。これは自分で人生をコントロールする気概だ。主観的にも客観的にも、真剣に吟味する。「次の何か」は、自分で将来に合わせて探す場合もあるし、もう外から提示されていて、それに一人会議で気付く場合もある。「いつか使う」ために、全力で準備する。僕たちは、未来なら変えられる。

# 41歳、サウジアラビア、ジェッダ

この頃は、自分の価値はどこにあるのかを追求する毎日。背伸びし過ぎず、だからといって卑下するわけでもなく、自分らしさとは何なのかを自問自答しながら、前例のない道を進んできた。

2019年の年末、ある日、メッセージが来た。
サウジアラビアからだった……。パッと浮かんだのはドバイの位置。その少し左かな……と思いながら読み進めると、2020年に来て欲しいとの内容。

まさかのサウジアラビア……思いがけない展開にしばし言葉を失った。メールの主は、ジェッダという都市にある日本料理レストラン「富士」のマネージャー、ビクターさん。あまり現実感がなく、最初はなんとなくやり取りしていたが、どうやら本気らしい……。

調べていくと世界一入国が厳しい国とある。また街中での写真撮影はNG、男性と女性の入り口は別々、そしてアルコールは厳禁。

4日間にわたり、レストラン内でイベント。この時は、僕のSNSを見て連絡してきたそうだ。話をしていくと、今回もカクテルは作って欲しいし、茶道と日本舞踊もお願いしたいと盛り沢山。

レストラン富士の外観。

カクテルに関しては、四季を意識したノンアルコールを準備した。当初は、珍しい味の材料や卵白を使いビックリさせようと思い提案したら、生卵を食べる文化がないし、複雑過ぎると誰もわからないと言われ、シンプル回帰。

メニューは、桜のマティーニ、抹茶と柚子のモヒート、柿とほうじ茶のトディ、ミカンのフィズ。


２０２０年2月上旬、ついに出発。しかし、いきなりジェッダの空港で止められた。理由は大量のシロップ。ちなみにアルコールの持ち込みは犯罪だ。嫌な予感があったので、持ち込む材料のアラビア語を用意していて、無事通過。

到着したら、日本から太鼓と三味線の演奏者も来ていた……そういうのは前もって教えて欲しかったです……。何かあったら一人でどう生き抜くかも想定していました……。

舞台となるレストランは寿司カウンターもあり、まるで日本。オーナーの日本愛が止まらない。オーナーは、何度も来日していて、このレストランをオープンすることが夢だったそう。

４日間、急遽１日追加になり、計５日間、夜８時頃から３人でコラボレーションしたり、別々でパフォーマンスを行ったりした。現地の人たちは、日中暑すぎて出歩かないので、生活が夜型。従って、12時頃が最後のショー。

ホテルの同僚に協力してもらい、茶道や日本舞踊の簡単な解説をアラビア語で作成していたため、お客様と直に話ができて楽しかった。日本語が堪能で、新宿にある歯科医の専門学校に通っていたというレアなお客様もいた。

ノンアルコールカクテルも、甘めが好きとのリクエストを元に作り、おおむね好評。柿の味とかは、少し難しかったかもしれませんが……。

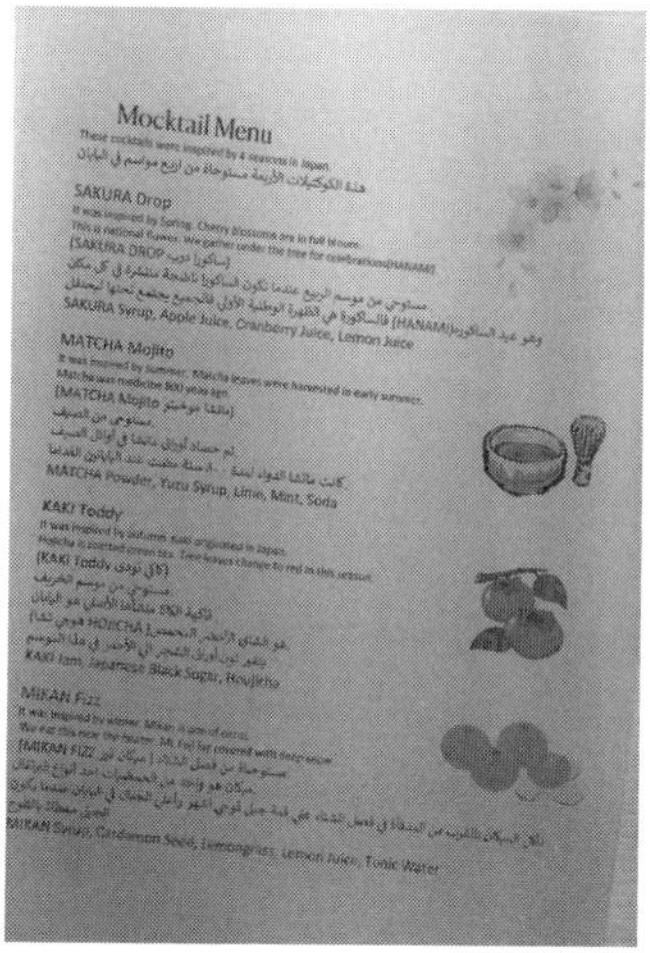

アラビア語で作成したメニュー。

もう明日には帰国かと思って休憩していたら、見覚えのないアラビア人の男性が近づいてきて、「自分の航空券見たか？」って急に聞いてきた。「た

中央右がレスラン富士のオーナー、ファハドさん。

しか明日のお昼頃の便だよ」って答えたら。「ハハハ、ちゃんと見ろよ」って笑いながら去って行った。

なんと、同じ日の「来月」のチケットだった……。

ビックリし過ぎて、頭が真っ白になった……。見なかった僕もいけないけど……これは偶然の間違い？　意図的？　だからオーナーは部屋を用意してあるからなって言ってたのか……。確信犯だな、これは。

もちろん、無事に翌日帰りました。

# 自分らしく生きていい

年齢、国籍、男だから、女だからとか、もう関係ない。

これだけ多様性に富んだ時代。受け取り方も様々だが、支持してくれる人もいる。

「これのここが好き、変わってる?」変わってない、むしろ足りない。変人はむしろ誉め言葉。周りを見渡しながらも、必ずその自分らしさをブレずに貫いて欲しい。好きな事に集中し、愛される変人として自分の価値を高める。

もっと自分らしく生きていい、未来は個性が溢れてる。

# おわりに

サウジアラビアは、人々の生活習慣や時間の使い方、お金の感覚など、今後語り継げるほど貴重な体験でした。今も熱心に連絡が来るのですが、世界的な感染症の影響で海外での活動は当面難しそうです。ただ状況が収まり次第、チャンスがあれば向かいたいと思います。

残念ですが、そろそろ終わりに向かいたいと思います。

僕が生きた20代、30代の素直な心境の変化や、環境を精査し判断するリアルな過程を書き記してきました。バーに行った事のない人間のバーテンダーとしての奮闘。30歳まで、2泊3日のグアムしか行った事がなかった人間の海外談義。お楽しみ頂けましたでしょうか?

人生の計画を立てる。30代までにこれを達成し、40代の頃はここに到達するなど、細かく計画を立てている人もいる。僕はこれをできなかった。

僕は、目の前にある課題に全力で取り組む事により、次の道が見えてきた人間です。長期的な展望は今もありません。一歩踏み出し、とにかく全力で目の前の事を全うする。自分のしたい事でも、偶然の巡りあわせでも、この小さな積み重ねで、次の進路が開けた。

あなたの目の前で起きている事を、ただの偶然として受け流すのか、もしかしたらこの偶然はチャンスかもしれないと、苦手分野でも全力で臨むのかで人生は大きく変わってくる。未来の自分から振り返れば、その偶然は必然かもしれない。そう信じて新しい事に挑戦してみるのもありだと思う。

こうして書いてみると細かい決断を通して、自分をデザインしてきたように思います。人生は自分の可能性との闘い。年齢が上がれば、なれる職業は少なくなり、時間と共に人生の選択肢は減ってきます。今からオリンピック選手は難しいですよね？

人により生き方は違う。頑張らない生き方もあるし、自分で限界を決める生き方もある。逆に歴史を覆すような野望を持った生き方もある。

最後に僕が伝えたいのは、自分の生きていきたい範囲で、直面する選択肢を十分に精査して、その都度、後悔のない決断をして欲しい。

過去には戻れないが、未来は作れる。ぜひ、自分をデザインするつもりで毎日を過ごして欲しい。もしこの本が、少しでもその手助けになれば嬉しい。

最後になりますが、今回の本の制作にあたり多大な協力を頂いた、バカルディジャパン株式会社様、ペルノ・リカール・ジャパン株式会社様、ドリンクプラネット様、麗扇会日本文化学院学院長の渋沢麗扇様、高校の同級生でもあり編集を担当してくれた山本和之君に、この場を借りて感謝を伝えたい。

また最後まで読んでくださった読者のみなさま、ありがとうございました。

もし、僕が40代を謳歌できたら、続きを51歳で書こうかな。さぁ、次回作では、自分のお店を持っているだろうか。または、海外で何かしているだろうか。

それでは自分の人生に戻りますね。また会いましょう。

中村充宏

〈著者プロフィール〉
**中村充宏**（なかむら・みつひろ）
1979年、東京都生まれ。東海大学卒。現在はザ・ペニンシュラ東京、Peterバーにてヘッドバーテンダーとして勤務。シーバスリーガル、ボンベイサファイア、パトロン主催の各カクテル大会で優勝。世界大会では、部門優勝を獲得。2017年には、世界最大のバーテンダーシンポジウム "Tales of the Cocktail" にて日本人初のプレゼンターとなり、茶道を基にした日本式サービスを講演。その後、フランス、ロシア、サウジアラビアなど世界各地で、セミナーやゲストバーテンダーを行う。麗扇会日本文化学院にて、渋沢麗扇氏に師事し、茶道、日本舞踊を研鑽。現在、講師許状取得。2021年、初の著書『自分をデザインする』を刊行。

Instagram : mitsuhiro.bartender
Facebook : Mitsuhiro Nakamura

2019「パトロン ザ・パーフェクショニスト 2018」世界大会 トップ6
2018「パトロン ザ・パーフェクショニスト 2018」日本大会優勝
2017 世界最大のバーテンダーシンポジウム "Tales of the Cocktail" にて日本人初のプレゼンター（茶道を基にした日本式サービスを講演）
2015「ボンベイサファイア ワールドモストイマジネイティブバーテンダー」世界大会 ジントニックツイスト部門 優勝
「ボンベイサファイア ワールドモストイマジネイティブバーテンダー」日本大会優勝
2014「シーバス マスターズ 2014」日本大会優勝
2013「ディアジオワールドクラス 2013」日本大会ファイナリスト

自分をデザインする

2021年3月5日　初版発行

著　者　中村充宏

発行人　山本和之

発行所　パブリック・ブレイン
〒183-0033
東京都府中市分梅町 3-15-13 2F
tel.042-306-7381

発売　星雲社（共同出版社・流通責任出版社）　東京都文京区水道 1-3-30

印刷　モリモト印刷


ISBN-978-4-434-28631-5 C0076